AF275911

Schiele

Egon Schiele

Autorretrato

casimiro

casimiro [*casimiroa edulis*]

En cubierta: Egon Schiele, *Autorretrato con chaqueta naranja* (detalle), 1913
    Albertina, Viena

© Casimiro libros, Madrid, 2025
    Todos los derechos reservados
    www.casimirolibros.es

ISBN: 979-13-87675-12-7
Depósito legal: M-20124-2025

Hecho en Madrid

ÍNDICE

EGON SCHIELE: CRONOLOGÍA

1890

12 de junio, nace en la ciudad de Tulln an der Donau, en la Baja Austria, tercer hijo de Adolf Eugen Schiele, jefe de estación, y de Marie Soucup. Tiene ya dos hermanas: Elvira, nacida en 1883 y que morirá con diez años, y Melanie, nacida en 1886. En 1894, nacerá su hermana menor, Gertrude, que posará para él en sus primeros años de actividad artítica. En 1914, Gertrude se casará con el pintor Anton Peschka.

1896-1905

Schiele asiste a la escuela infantil de su ciudad. Realiza dibujos de la estación de trenes donde trabaja su padre. A los diez años, pasa al colegio –Realgymnasium– de Rems. Ante sus pobres resultados académicos, su padre lo envía al Landes-Real-und Obergymnasium de Klosterneuburg. Su rendimiento escolar no mejora y sus profesores se quejan de distrae a sus compañeros dibujando durante las clases. En la noche de San Silvestre de 1904, su padre muere a resultas de una parálisis progresiva. La pérdida del padre, le causó gran dolor al joven Schiele, que tenía entonces catorce años, como así confesará él mismo en una carta enviada a Anton Peschka muchos años después.

El ingeniero Leopold Czihaczek, tío y padrino de Egon, decide enviarlo a la Technische Hochschule [formación profesional]. El interés por el arte sigue predominando en su ánimo.

1906

Ante sus malos resultados escolares, su madre pide a su hermana Olga Augerer, casada con el dueño de una empresa de artes gráficas, que contraten a su hijo; solicitud que es rechazada con contundencia. Surge entonces la opción de enviarlo, con el aval de profesor de dibujo de su colegio, a la Kunstgewerschule de Viena [escuela de artes y oficios]. Los dibujos que presenta Egon para optar en la escuela son apreciados de tal modo por la comisión de admisión que ésta le aconseja presentarse al examen de admisión de la Academia de Bellas Artes. Cosa que Egon hará, en octubre de 1906, con éxito. Tras el inicial entusiasmo, su estancia en la Academia se irá torciendo ante sus desacuerdos con la docencia reaccionaria ahí imperante.

1907

Schiele intenta conocer a Klimt. Con su hermana Gertrude viaja a Trieste, de cuyo puerto realiza varios bocetos. Abre taller en el número 6 de la Kurbauergasse de Viena.

8

1908

Entre mayo y junio, expone por primera vez públicamente su obra, diez piezas, en el salón imperial del convento de Klosterneuburg.

1909

Ante la creciente divergencia de opinión con sus profesores, en abril Egon y otros estudiantes abandonan la Academia y fundan el Neukunstgruppe [Grupo del Arte nuevo].

La International Kunstschau [Exposición internacional de arte] de Viena, cuyo jurado preide Klimt, selecciona cuatro obras de Schiele.

Schiele conoce al arquitecto Josef Hoffmann y las actividades de la Wiener Werkstätte, agrupación constituida por artistas, arquitectos y diseñadores en 1903 en Viena con la finalidad de prestar formación en diferentes disciplinas artísticas.

El Neukunstgruppe expone por primera vez en diciembre en la galería del marchante de arte Gustav Pisko en la Schwarzenbergplatz. Anton Faistauer realiza el cartel de la exposición y Schiele redacta el texto programático de la misma. A raíz de la exposición, Schiele conoce a Arthur Roessler, crítico del *Arbeitzeitung*, a los coleccionistas Carl Reininghaus y Oskar Reichel, y al editor Eduard Kosmack.

1910

La Wiener Werkstätte publica tres postales con dibujos de Schiele, que, gracias a la ayuda de Hoffmann, expone un cuadro en la Internationale Jagdausstellung de Viena.

Siguiendo una segerencia del arquiecto Otto Wagner, Schiele realiza unos retratos en tamaño natural de personalidades de su época, como Kosmack o Roessler, o el propio Wagner.

En otoño, vuelve a exponer en el convento de Klosterneuburg, donde el empleado de los ferrocarriles Heinrich Benesch se entusiasma tanto ante el cuadro *Los girasoles* que quiere conocer a su autor. Benesch se convertirá en el principal coleccionista de los dibujos y acuarelas de Schiele.

1911

Primera publicación dedicada a Schiele, escrita por Paris von Gütersloh. Roessler publicará poco después un ensayo sobre el artista en la revista mensual *Bildende Künstler* [*Artista plástico*].

En abril y mayo se celebra su primera exposición individual en la Galería Miethke.

La Wiener Werkstätte declina publicarle cinco postales. Se muda a Krumau an der Moldau, ciudad natal de su madre, donde trabajará intensamente en una serie de paisaje urbanos. Pronto chocará con la mentalidad de los lugareños, por los bocetos de desnudos de jóvenes de ahí o por su vida en concubinato con su modelo, la vienesa Wally Neuzil, trasladándose al pueblo de Neulengbach, en las afueras de Viena.

En el mes de octubre expone algunas de sus obras en la exposición *Buch und Bild* organizada por el marchante Hans Goltz.

1912

A principios del año, expone con el Neukunstgruppe en Budapest. En febrero y marzo, Goltz expone y acuarelas de Schiele conjuntamente con obras del grupo del *Jinete Azul* [Kandinsky, Marc]. En marzo y abril, expone obra en una colectiva de la *Secesión* en Múnich y en abril y mayo expone sus dibujos en el Museo Folkwang de Essen.

Esta sucesión de acontecimientos felices se ve frustada por su arresto el 13 de abril y su posterior encarcelamiento en la prisión de St Pölten, acusado de secuestro de una menor. Acusación que acabará demostrándose falsa, lo cual, sin embargo, no impedirá al juez condenarlo a tres días de prisión por "difusión de dibujos obscenos" ante la sospechasa de que chicas menores de edad hubieran podido ver bocetos de desnudos en su taller.

Este trance le marcará profundamente, a tenor de lo que deja escrito sobre su estancia en la cárcel, en unos *Recuerdos* que Roessler publicará póstumamente, en

11

1922, muy probablemente adornándolos de su propia pluma, cuando no recreándolos ex novo siguiendo cuanto Schiele pudo contarle de esa dolorosa experiencia.

El fructífero periodo de Neulengbach queda truncado. Viaja a Carintia, luego a Trieste y durante el verano trabaja en el taller vienés de su amigo Erwin Osen.

En junio expone siete cuadros en la colectiva del Hagenbund, donde lo descubrirá el hostelero Franz Hauer, que se convertirá en uno de sus principales coleccionistas.

De mayo a septiembre tres de sus obras se exponen en la exposición del Sonderbund.

En agosto viaja a Múnich, Lindau y Bregenz. En noviembre abre nuevo taller en Viena, en el número 101 de la Hietzinger Haupstrasse, que mantendrá hasta su muerte.

Klimt, que tiene a Schiele por uno de los mejores artistas austríacos, le presenta a uno de sus coleccionistas más adinerados, el industrial August Lederer, el cual le invita a pasar la Navidad en la ciudad húngara de Györ.

1913

El 17 de enero el Bund österreichischer Künstler [Asociación de artistas austríacos], presidida por Klimt, acepta a Schiele como miembro. Con esta Asociación expondrá en Budapest, en marzo, cuatro cuadros y veinte dibujos. En primavera, vuelve a participar en la exposición de la Secesión en Múnich. En julio la Galería Goltz organiza una exposición antológica. Su obra se expone en Berlín, Dusseldorf y en Viena. Viaja mucho: al valle del Wachau, luego a Krumau, Múnich, y a Villach y Tarvisio en Carintia. Empieza a colaborar con el semanario berlinés *Die Aktion* en el que publica dibujos y escritos.

1914

Expone sus obras en Dresde, Hamburgo, Múnich y Colonia, así como en Roma, Bruselas y París, donde su éxito es escaso.

En marzo y abril aprende de Robert Philippi las técnicas de la xilografía y el aguafuerte.

1915

En enero: exposición individual en la galería vienesa Arnot y en la Kunsthaus de Zúrich.

El 17 de junio se casa con Edith Harms. El 21 se alista y es trasladado, ya soldado, a Praga y luego a Neuhaus en Bohemia, en ambos destinos su mujer lo sigue. El 20 de junio es destinado a Viena. Entre sus distintas obligaciones, estará la de vigilar a los prisioneros rusos, a los que retratará en distintas obras.

1916

Tres de sus cuadros se exponen entre enero y febrero en la sede berlinesa de la Secesión. También expondrá en la Secesión de Múnich, en la Galería Goltz y en Dresden.

El 1º de mayo le destinan al campo de prisioneros rusos de Mühling.

1917

En enero es trasladado a Viena donde se le encomienda la tarea de hacer dibujos de los distintos cuarteles del ejército en la capital y en provincias para ser publicados en una revista; proyecto finalmente frustrado por el fin de la guerra, pero que le llevará a recorrer su país.

Expone en Múnich, Amsterdam, Estocolmo y Copenhague.

1918

Participa en los primeros números de la revista *Der Anbruch*, con dibujos, de portada e interiores, y con escritos, entre ellos la necrológica en honor a Klimt, muerto el 6 de febrero.

La exposición de la Secesión vienesa de marzo, le reserva la sala principal de su Palacio, donde expondrá diecinueve cuadros y veintinueve dibujos. Esta exposición marca su primer gran éxito tanto económico como artístico.

A finales de abril logra que le destinene al museo del ejército, donde dispondrá de mayor tiempo para trabajar en su arte.

Participa con cuadro cuadro y numerosos dibujos en la exposición Un siglo de pintura vienesa. En mayo expone con el Neukunstgruppe en Praga y luego en Dresden.

El 5 de junio abre un nuevo taller en Hietzing, suburbio de Viena, sin cerrar el de la calle Hietzinger.

En octubre, embarazada de seis meses, su mujer contrae la fiebre española, de la que muere el 28 de octubre.

Igualmente contagiado, Schiele muere el 31 de octubre, a la una de la madrugada.

Martha Fein saca un retrato fotográfico de su cadáver y Anton Sanding su máscara mortuoria. Es enterrado el 3 de noviembre en el cementerio de Ober St. Veit.

Extraída de Egon Schiele, *Ritratto d'artista*,
Edizione SE, Milán 1999

POEMAS DE EGON SCHIELE*
Traducción de Pedro Argudo Buenacasa

* Se reúnen aquí todos los poemas de Schiele. Los escribió, probablemente, según Arthur Roessler entre 1910 y 1911 y, salvo alguno
que se publicó en la revista *Die Aktion* entre 1914 y 1916, se publi-
caron póstumente en 1921 en el volumen *Egon Schiele: Briefe, Prosa
und Gedichte editado* por Roessler.

VUELVO A VER AHORA LA NEGRA CIUDAD,
inalterada,
por la que desfilan, igual que siempre,
los caseros lugareños,
–los pobres–
tan pobres,
la escarlata hojarasca otoñal tiene su mismo olor.
¡Qué grato es el otoño en esta tierra de gélidos vientos!

BAJO EL BLANCO CIELO

LAS VIEJAS CASAS
están tan calentitas por el aire de Siena;
por doquier se ven persianas de un rojo descolorido,
quemadas por el sol, al son del ceceo de un viejo organillo;
el largo sayo negro del músico ciego, desgastado y roto,
se ha vuelto marrón verduzco.
Te llamo para que veas todo lo que se muestra a la vista;
pequeños y grandes ojos infantiles ríen
y hablan en voz alta de mí.
Arriba en el jardín todo es verde,
hay flores personiformes y otras flores.
Afuera, en un prado polícromo,
se han fundido unas cromáticas formas,
morenos labriegos de pelo crespo en el pardo sendero
y rubias muchachas en medio del prado lleno de flores
                    de mayo.
¿Oyes?
En el árbol frondoso veo un pájaro ufano
                    –su plumaje de color mate–,
que apenas se mueve ni canta,
MIL TONOS VERDES SE REFLEJAN EN SUS OJOS.

LOS ALTOS ÁRBOLES
alineados a lo largo de la alameda.
Sobre ellos trinaban trémulos pájaros.
A grandes zancadas, con enojados ojos rojos,
recorrí los caminos mojados.

CAMINO DE TIERRA

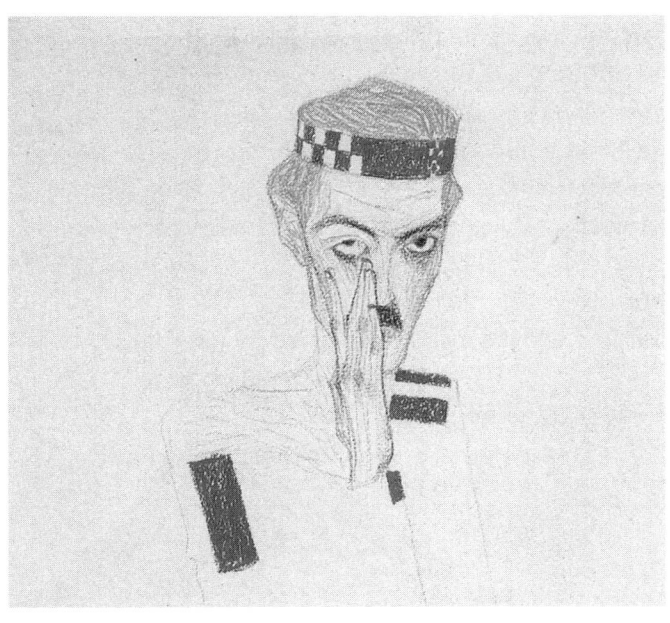

Autorretrato (detalle), 1909

LLEGO
a la rojinegra catedral del denso bosque de abetos,
que viven sin ruidos observándose entre sí.
Los troncos enmarañan sus densas ramas,
de las que emana, a la vista, un aire húmedo.
¡Qué maravilla! Todo está vivamente muerto.

BOSQUE DE ABETOS

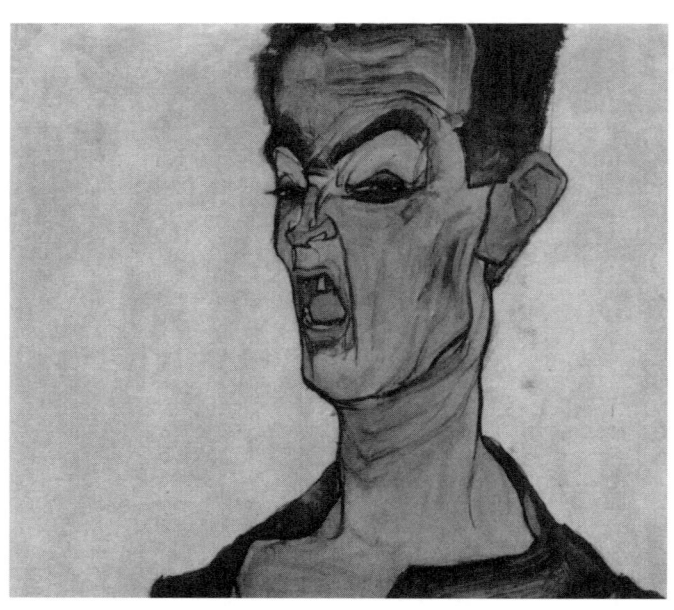

Autorretrato (detalle), 1910

20

VI A LO LEJOS CAMPOS
cortados por minúsculas crestas
hechas de miles de puntos,
perdidos sobre un fondo amarillo,
espejados estanques y nubes esponjosas.
Montañas inclinándose
y envolviendo cual cortinas el aire.
Olí el sol.
Entonces cayó la tarde azul,
cantando me mostró primero los campos.
Un rojo resplandor rodeaba aún un monte azul.
Todas aquellas fragancias me envolvieron en un sueño.

PONIENTE

UNA LUZ BRILLANTE
atraviesa la arrugada tierra,
los soles respiran arriba y abajo.
Suelo fértil,
superficies amarillas atraviesan empinadas
              un verde intenso,
y aumentan al acercarse, mostrándonos aquí
              los átomos amarillos,
que gozosos disfrutan de la vida.

CAMPO DE ESPIGAS

QUISE ESCUCHAR EN SILENCIO
la fresca brisa de la tarde,
digo: los árboles ennegrecidos por la lluvia,
luego los mosquitos, los quejumbrosos
y toscos pasos de los labriegos,
el lejano eco de las campanas.
Quise oír la regata de árboles
y ver el mundo en su esplendor.
Como hilos metálicos zumbaban los mosquitos
                    en la tierra invernal,
pero el gran hombre negro interrumpió el sonido
                    de sus cuerdas.
La ciudad se alzaba fría y mojada ante mí.

TARDE LLUVIOSA

MELANCÓLICOS NUBARRONES NEGROS
se arremolinaron en el cielo,
amenazantes bosques de agua.
Murmurantes cabañas y árboles sollozantes…
Me encaminé hacia el negro arroyo;
y vi pájaros cuales pálidas hojas al viento.

TORMENTA EN LONTANANZA

SOBRE EL LAGO DEL PARQUE
de negras orillas y olor a musgo,
se desliza a través de una irisada espuma
el tranquilo cisne alto y redondo.

CISNE BLANCO

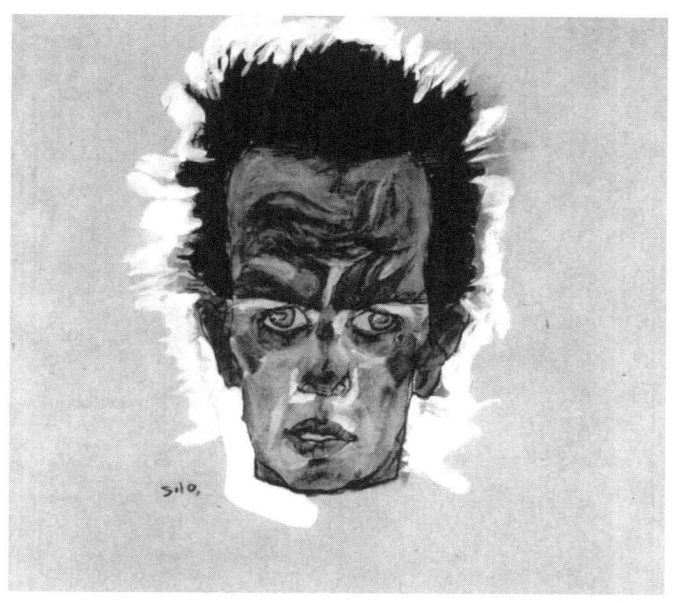

Autorretrato (detalle), 1910

ALLÁ ARRIBA, SOBRE LA SUSURRANTE TIERRA
rodeada de extensos bosques,
camina despacio el alto hombre blanco exhalando humo
azul
y huele y huele los blancos vientos del bosque.
Recorre la tierra con olor a cueva, y ríe y llora.

OBSERVACIÓN

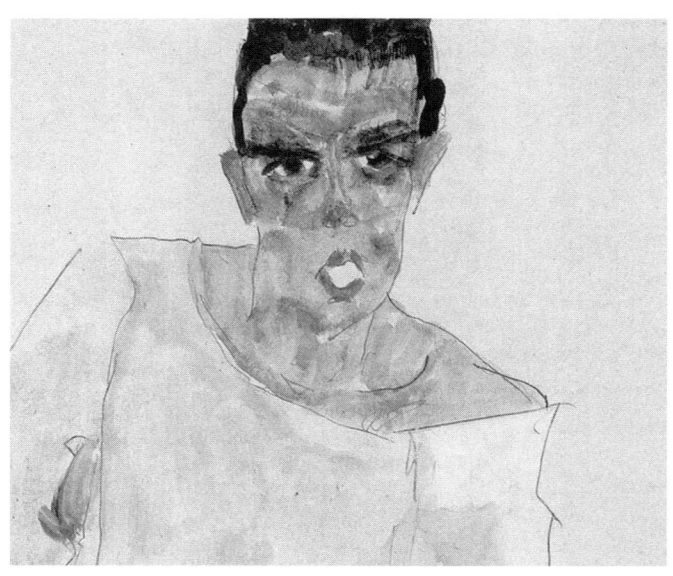

Autorretrato (detalle), 1911

26

EL PRADO VERDEGRISANARANJADO
cubre
al orondo tarugo vestido de negro brillante
con su pardo cabezón,
sobre el que brillan las relucientes lentes.
El blanco crucifijo cuelga bamboleante.

A su lado, a grandes pasos,
camina con solemnidad
un pálido portaantiparras, alto, gris y gruñón,
rezongando en la tierra abandonada.

DOS CLÉRIGOS

EN AQUEL MOMENTO, EL RÍO NEGRO SOMETIÓ
bajo su yugo todas mis fuerzas.
Vi profundas las bajas aguas
y las mansas orillas altas y empinadas.
Revolviéndome, luché
y escuché las aguas en mí,
las buenas, bellas, negras aguas…
Volví entonces a respirar fuerza dorada.
La corriente corría inflexible y más fuerte.

MÚSICA AL AHOGARSE

RECIOS, INTENSOS VIENTOS ENFRIARON
mi espina dorsal
haciéndome bizquear.
Sobre un áspero muro vi
el mundo entero,
con todos los valles, montañas y lagos,
con todos los animales que corrían por ahí…
Las sombras de los árboles y las manchas del sol
me recordaron a las nubes.
Caminaba por aquella tierra
y no sentía las piernas,
de tan ligero que iba.

SENSACIÓN

Vi el parque: verde amarillento, verde azulado, verde rojizo,
verde violáceo, verde soleado, verde tembloroso;
y escuché las vistosas flores de azahar.
Me pegué luego al ovalado muro del parque
y escuché a los niños con sus magras piernas,
vestidos a topos azules y rayas grises
y con lazos rosas.
Las columnas de árboles llevaban en línea hasta allí;
y al verlas caer sensualmente, en su largueza y su redondez,
pensé en mis visiones de retratos en color,
y me pareció
como si al menos una vez
hubiese hablado con todas ellas.

VISIONES

ASÍ SEGUÍ CAMINANDO
por el camino blanco como el sol;
yo, que estaba rojo.
Vi a la dama azul en el verdor…
en el verde jardín.
Se quedó quieta y
fijó sus grandes ojos oscuros en mí.
Su rostro era casi blanco.

DAMA EN EL PARQUE

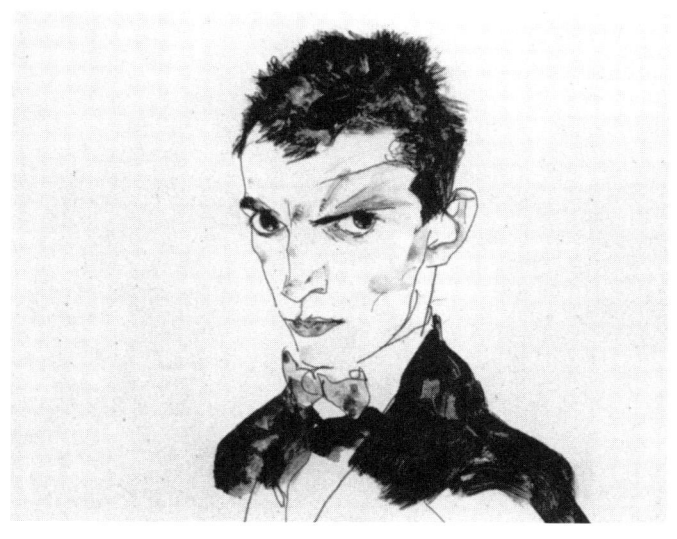

Autorretrato (detalle), 1912

31

UNA POLUCIÓN DE MI AMOR, SÍ.
Todo lo amé.
La muchacha llegó, me encontré con su rostro,
su inconsciente, sus manos ajadas por el trabajo;
todo en ella lo amé.
Tenía que retratarla,
por su mirada y su proximidad.
....
Ahora ya no está. Ahora me encuentro con su cuerpo.

EL RETRATO DE LA TÍMIDA MUCHACHA PÁLIDA

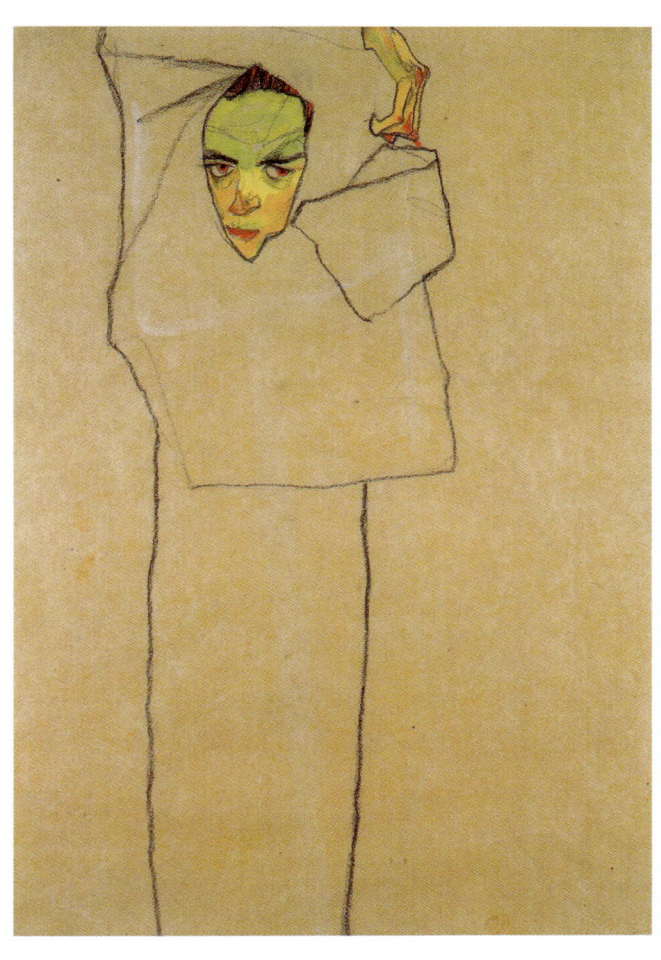

Autorretrato, 1910

33

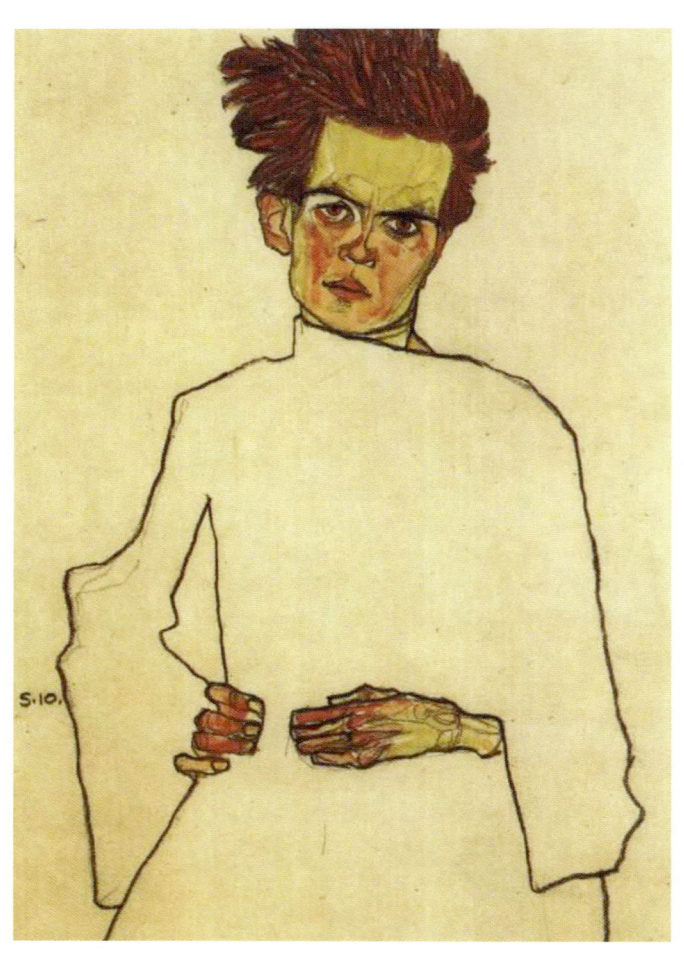

Autorretrato, 1910

34

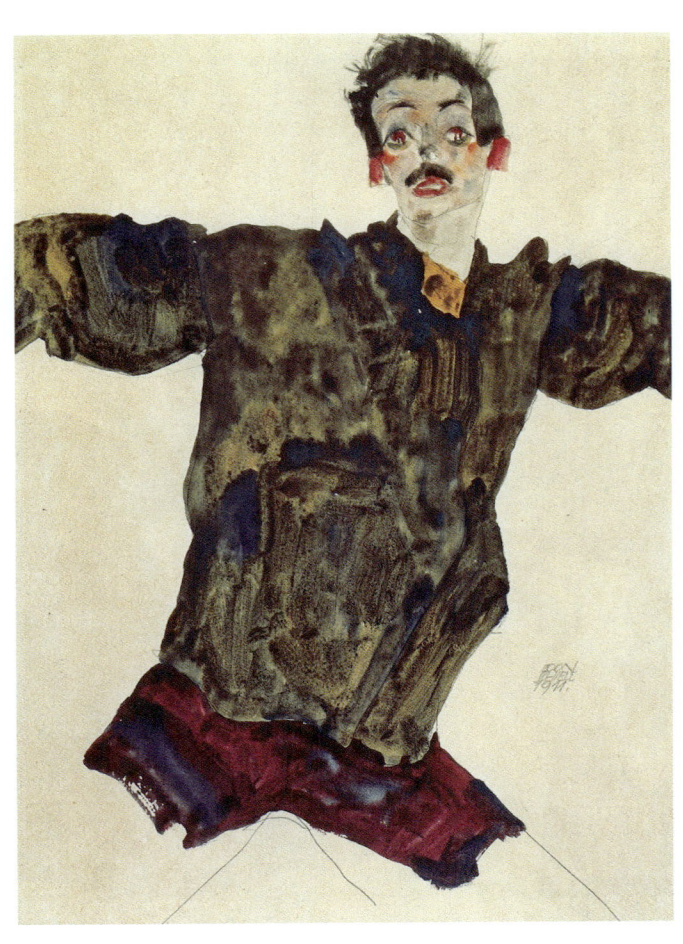

Autorretrato, 1911

35

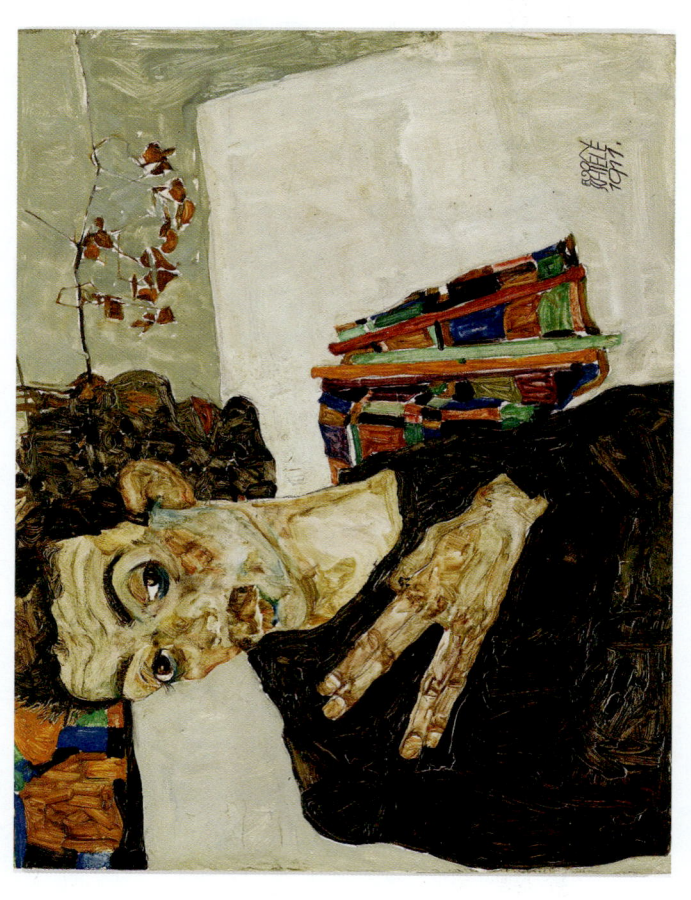

Autorretrato, 1911

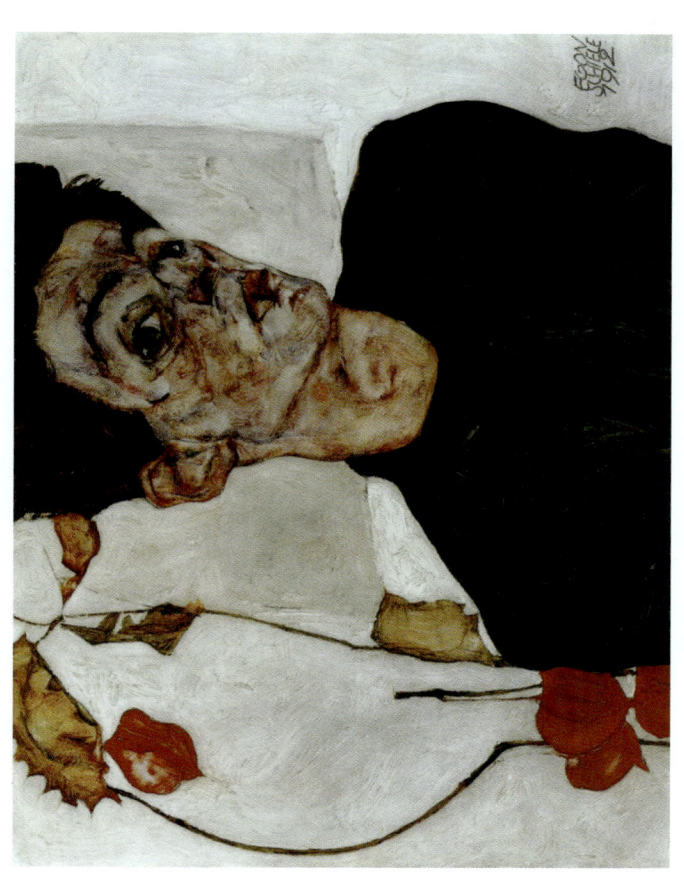

Autorretrato, 1912

37

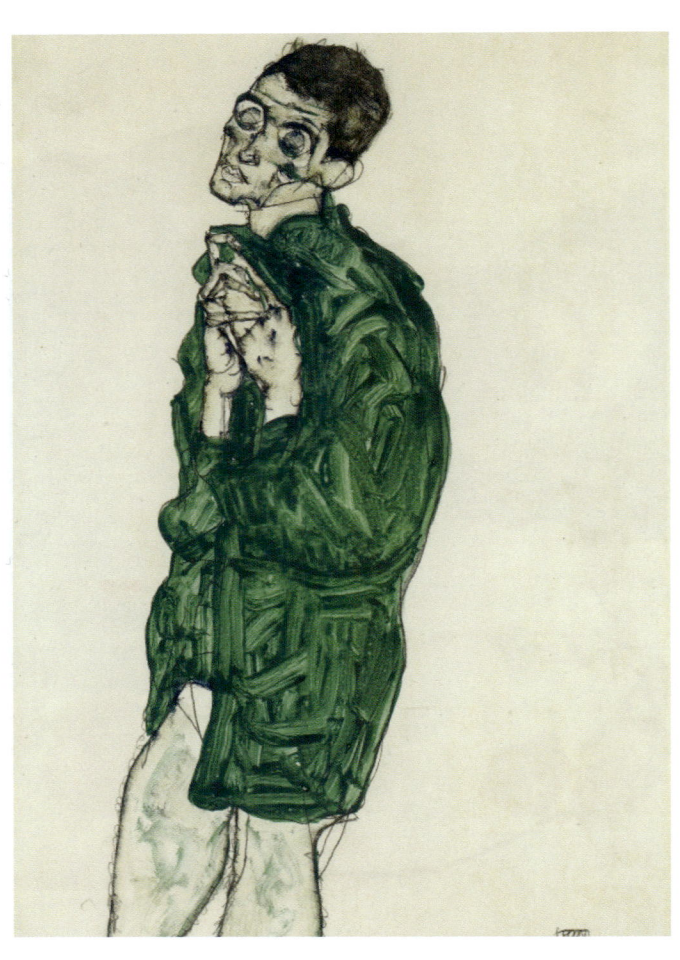

Autorretrato, 1914

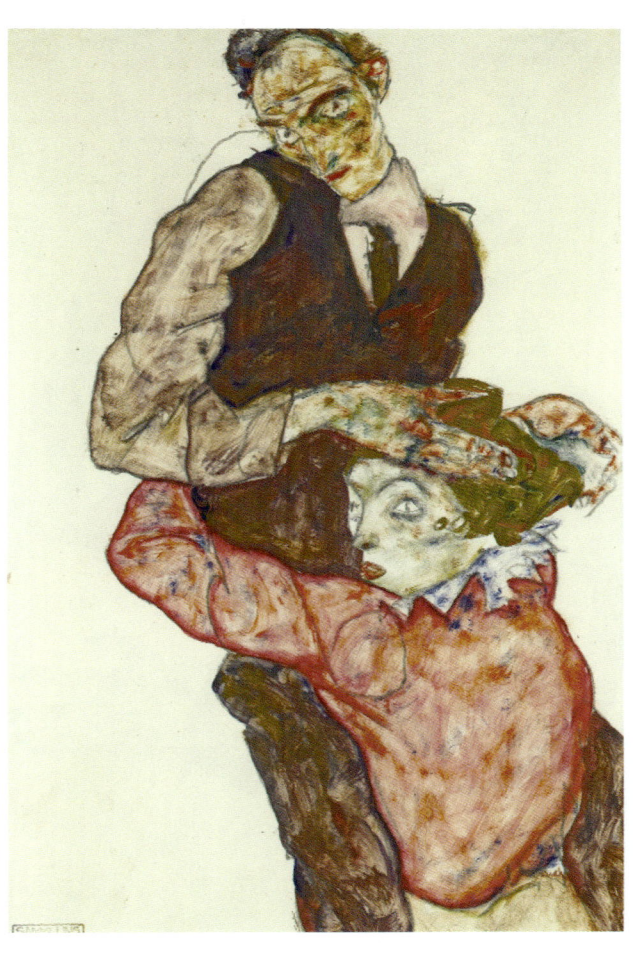

Autorretrato con Wally, 1915

39

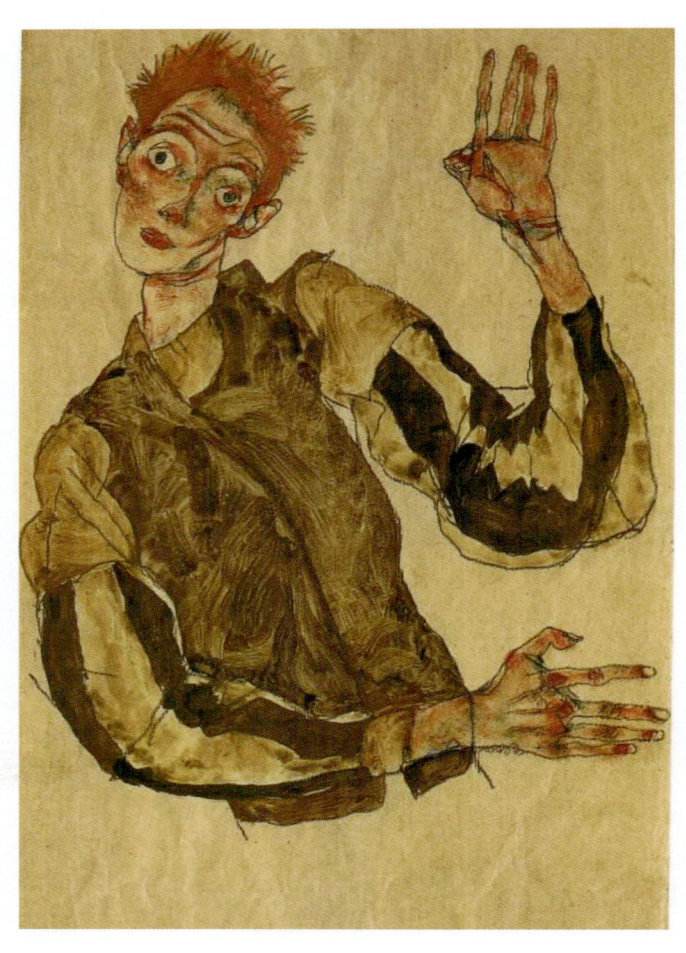

Autorretrato, 1915

40

TODO ME ERA GRATO;
decidí mirar con bondad a los enojados,
para que sus ojos se calmaran;
y obsequiar a los envidiosos,
diciéndoles que nada valgo.

… oí suaves ráfagas de viento
soplar a través de líneas de aire.
Y la muchacha,
que leía con voz lastimera,
y los niños,
que me miraban con sus grandes ojos
y respondían cariñosos a mis miradas,
y las lejanas nubes,
que posaban sobre mí sus bondadosos ojos.
Las blancas, pálidas muchachas me mostraban
sus negras piernas y sus ligas rojas
y hablaban con sus dedos negros.
Pero yo pensaba en el ancho mundo,
en las cincoenramas…
sin saber siquiera
si yo mismo allí me encontraba.

UN SUEÑO ETERNO
lleno del más dulce exceso vital,
inquieto, con un angustioso dolor interior, en el alma.
Arde, abrasa, crece tras la conflagración,
espasmo del corazón.
Sopesar... y frenéticamente se agita con excitado deseo.
Impotente es la angustia del pensamiento,
vana para alcanzar las ideas.
Habla el lenguaje del creador y da.
¡Demonios! ¡Acabad con la violencia!
Vuestro lenguaje, vuestros signos, vuestro poder.

AUTORRETRATO

SOY TODO A LA VEZ,
pero nunca lo haré todo al mismo tiempo.

AUTORRETRATO

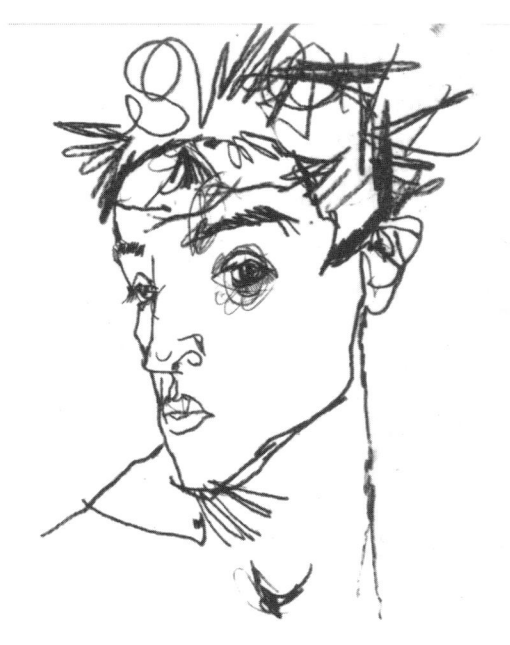

Autorretrato, 1913

43

Soy un ser humano, amo la muerte y amo la vida.

AUTORRETRATO

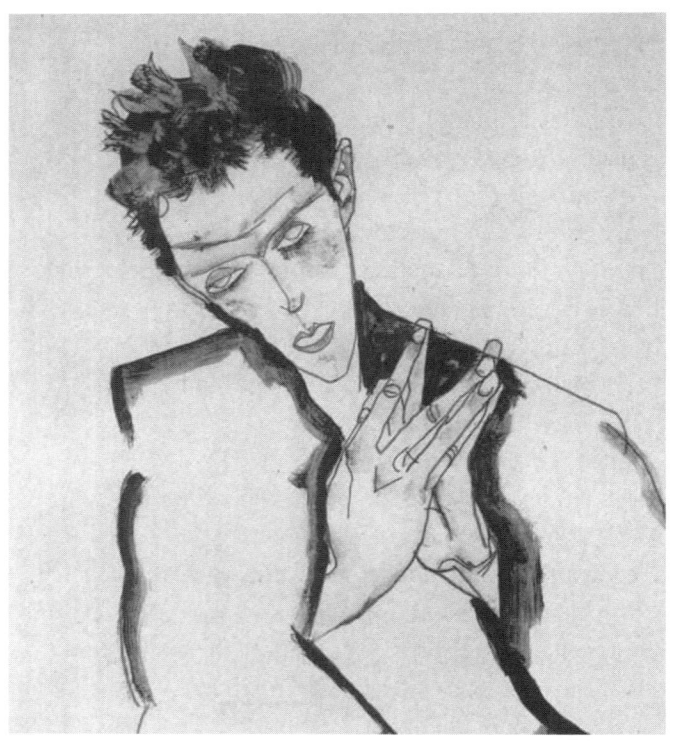

Autorretrato (detalle), 1913

VI PRIMERO LAS INFINITAS
  ALAMEDAS PRIMAVERALES
y la furiosa tormenta,
y tuve que despedirme,
despedirme uno tras otro de todos los lugares de la vida.
Me rodeé de llanuras durante los primeros días;
por entonces ya oía y olía las milagrosas flores,
los mudos jardines, los pájaros.
¿Los pájaros?
¿En cuyos ojos me veía rosa y de ojos brillantes?
Los pájaros están muertos…
En otoño lloraba a menudo con los ojos medio cerrados.
Entonces me alegré por el magnífico verano y reí
imaginando en pleno estío el blanco invierno.
En primavera soñaba con la armonía universal
  de los seres vivos.
Hasta ahí llegó la alegría;
luego empezaron los periodos de esparcimiento
  y las escuelas sin vida.
Llegué a infinitas ciudades muertas y me compadecí
  de mí mismo.
En aquella época, sufrí al ver a mi padre moribundo.
Mis zafios maestros siempre fueron mis mayores
  enemigos.
¡Ahora debo revitalizar mi vida!
Por fin puedo volver a ver el espléndido sol y ser libre.

PRUEBA LOS ROJOS, HUELE LOS BLANCOS VIENTOS,
mira al espacio: sol.
Contempla las brillantes estrellas amarillas,
hasta que te sientas bien y hayas de cerrar los ojos.
Mundos cerebrales brillan en tus cavidades.
Deja que tiemblen tus dedos íntimos,
palpa el elemento,
tú que, sediento y tambaleante, has de buscarte a ti
mismo,
tú, que sentado saltas, que acostado corres,
que yaciente sueñas y soñando despiertas.
La fiebre devora el hambre, la sed y el desánimo,
la sangre se abre paso.

Padre, tú que sí estás ahí, ¡mírame,
envuélveme,
dame!
Mundo cercano, corre arriba y abajo, vertiginoso.
Estira ahora tus nobles huesos,
acércame tu suave oído,
tus hermosos ojos azul pálido.
Eso, padre, estaba ahí;
¡ante ti estoy!

SOL

46

YO, NIÑO ETERNO,
seguí siempre el paso de los apasionados y no quise estar
en ellos, dije; hablé y no hablé, escuché a escondidas
queriendo oírlos fuerte o más fuerte y dentro de ellos ver.
YO, NIÑO ETERNO,
hice sacrificios por quienes se compadecieron de mí, por
aquellos que
estaban lejos o por los que, aun mirándome, no me veían.
Les hice regalos, les envié miradas y un trémulo aire brillante,
les allané los caminos y… no hablé. Algunos reconocieron
enseguida la mímica del que mira y no volvieron a pre-
guntar.
YO, NIÑO ETERNO,
rechacé pronto el dinero y, llorando, reí mientras lo toma-
ba,
lo de siempre, lo imprescindible para las masas, lo inter-
cambiable
por el cuerpo, lo material.
Vi la plata como el níquel, el níquel como oro y plata y
níquel, y todo aquello
no fue para mí más que cifras fútiles e inestables, que no
me importaban,
pero llorando me reiré de lo material.

YO, NIÑO ETERNO

Donde comienzan los "exlibris", comienza la vitalidad; donde comienzan los "alumnos",

comienzan los muertos vivos. ¿Vivir? Vivir significa esparcir semillas, vivir quiere decir tirar semillas, desperdiciarlas, ¿para? Para otros pobres tal vez, para eternos alumnos. ¡Oh, los eternos alumnos! ¡Oh, los eternos uniformados! ¡Oh, los eternos Estados! Grande es la queja contra los que son cuerpos vivientes, la queja del público, del pueblo, de los soldados, los funcionarios, los maestros, los innecesarios, los artesanos, los clérigos, los indiferentes, los nacionalistas, los patriotas, los calculadores, la gente de nivel, la gente de números.

¿La variación?

Los que actúan y los que no. El bluf, al ser una invención, es ya un acto. En realidad,

hablar no es un acto, como mucho uno muerto. ¿Adónde vuelan las palabras? El que se expresa es el artista. El vivo es único.

¡Comprad! No cuadros, no productos, no trabajo, ¿cuadros? Los míos, no a mí.

Comprarme a mí.............. Fragmentos.

CON EL PROPÓSITO,
muros sobre muros, escalonados,
montañas sobre montañas, simétricas.
Vida mortal, muerte.

ESTADISTA

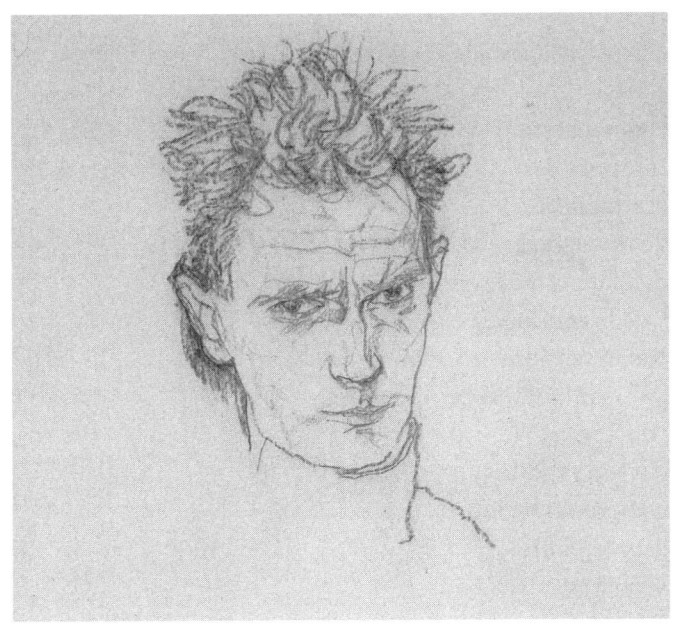

Autorretrato (detalle), 1916

49

EL ARTISTA ES, ANTE TODO,
el superdotado intelectual,
capaz de expresar
las perspectivas de
todos los fenómenos imaginables de
la naturaleza.
Los artistas perciben con facilidad
la fuerte luz trémula,
el calor,
la respiración de los seres vivos,
el llegar y
el desaparecer.
Intuyen
la similitud
de las plantas
con los animales
y de los animales
con el ser humano,
y la similitud del ser humano
con Dios.
No son eruditos
que por ambición
devoran libros…
Son ellos mismos.
La religión es para ellos
algo que sienten para sí.

Nunca harán gestos
externos
ni irán a iglesias
para escuchar,
nunca allí
sentirán recogimiento.
No, es afuera,
en la ronca tormenta otoñal,
o en lo alto de las rocas,
donde para ellos
crecen las nobles flores,
donde pueden presentir,
a Dios.
La aflicción la pueden
superar en apariencia,
pero por dentro les corroe,
causándoles un gran dolor.
Son personas elegidas,
frutas de la Madre Tierra,
las más bondadosas.
Se excitan con facilidad y
hablan su propio lenguaje.
………...
Pero, ¿qué es el genio?
Su lenguaje es el de los dioses
y viven aquí, en el paraíso.

Todo es canto
y divinidad.
Cualquier tarea les resulta sencilla.
Las artes son las flores
que arrancan de los jardines;
en las alturas viven,
en una existencia armónica, pero
por dentro están conectados
al mundo.
No conocen la queja.
Todo lo que expresan
no les hace falta indagarlo,
lo dicen
y así ha de ser… por su excepcional talento.
Son descubridores.
Divinos, superdotados,
universales, omniscientes…
modestos seres vivos.
Su contrapunto es el prosaico,
el hombre común, al que
ya desde niño no le inquieta
el futuro.
Comen y beben
y duermen, la misma
rutina día tras día.
Aprenden

y estudian,
trabajan física
e intelectualmente hasta
la extenuación.
No saben disfrutar
de los días de primavera,
ni de lo más elevado
del ser humano, del
amor.
Ya lo recitan
de memoria,
los parvulitos
del amor.
Ajenos
al mundo,
son los seres más superficiales.
Ira, codicia
ambición, la riqueza material
gustan de manifestar
con matizados gestos.
Toda la vida engordando
dentro del Estado
sin intentar nunca
entender la naturaleza,
silban simples
operetas y leen

por placer
novelas.
El campesino recorre
sin descanso los surcos
con su arado
desde la mañana hasta
bien entrada la noche,
bebe, come y reposa
a mediodía… una hora.
Luego continúa con su labor
y por la noche va a
la taberna a embrutecerse.
Así un día tras otro,
y el sol sigue poniéndose
y el agua fluye sin parar.

Diario desde la prisión de Neulengbach

Prisión de Neulengbach, 16 de abril de 1912

¡Por fin! –¡Por fin! –¡Por fin! –¡Por fin se alivia el dolor! Por fin papel, lápiz, pinceles, colores, para dibujar y escribir. Estas horas salvajes, desordenadas y terribles eran insoportables, estas horas indistintas, informes, monótonamente grises, que tenía que pasar como un animal, desnudo, entre paredes frías y desnudas.

Este estado de debilidad interior habría llevado a la locura a cualquiera, y este también habría sido pronto mi destino, de haber permanecido más tiempo, durante días, así, como vacío, desgarrado hasta la raíz de mi actividad, y para evitar volverme loco de verdad me puse a pintar, con un dedo tembloroso mojado en saliva amarga, usando las manchas del yeso; pinté figuras y cabezas en la pared de la celda, y luego las vi secarse y desvanecerse gradualmente, perdidas en las profundidades de la pared, como si una mano invisible y mágica las hubiera hecho desaparecer.

Por suerte, tengo de nuevo con qué dibujar y escribir; incluso me devolvieron mi peligrosa navaja. Puedo trabajar, y así soportar lo que antes era insoportable. Para recuperar mis cosas, me sometí, me humillé, pedí, recé, supliqué, e incluso habría gimoteado de no haber más remedio. ¡Ay, Arte! ¡Qué no haríar por ti!

17 de abril de 1912

¡13 – 13 – 13 – trece veces el trece de abril! Nunca he sido supersticioso, nunca le he tenido miedo al número trece, y ahora, el día 13, ha resultado ser un día fatídico. El 13 de abril de 1912, me arrestaron y me encerraron en la cárcel del tribunal de distrito de Neulengbach.

¿Por qué? ¿Por qué? ¿Por qué?

No lo sé. Nadie da una respuesta a mi pregunta.

En Viena, no se alza ningún grito de protesta contra mi arresto, porque nadie sabe aún que me llevaron a la fuerza y me hicieron desaparecer. E incluso si se supiera, ¿habría alguien dispuesto a gritarlo? ¿Dispuesto a ayudar? Quizás GK,[1] AR[2] y otros se esconderían como cobardes, y TF[3] se comportaría como un jesuita, con el rostro inmó-

1. Gustav Klimt.
2. Arthur Roessler.
3. Anton Faistauer (1887-1930), compañero de clase de Schiele en la

vil, la mirada vacía, la cabeza sobre los hombros, convencido de ser mejor que yo y sintiéndose secretamente liberado de alguien que le causaba molestias.

¡El infierno! No cualquier infierno, sino un infierno vil, vulgar, inmundo, miserable y humillante: allí fue donde me arrojaron de repente.

Polvo, telarañas, saliva, sudor e incluso lágrimas han manchado el yeso descascarillado de este cuarto. Las manchas son más grandes donde las tablas tocan la pared: aquí, la capa de mortero se ha desgastado, los ladrillos, de color sangre, están perfectamente lisos y relucen con oscuros restos de grasa, como si hubieran sido pulidos.

Ahora sé lo que es una prisión: todo aquí es como una prisión. Miras la puerta, gruesa, áspera, pesada, con un candado grande y sólido que ni un hombre ni una patada podrían romper jamás, la mirilla con su contraventana, el banco o tablón toscamente hecho de rudos tablones , la manta basta y harapienta que lo cubre –el lomo de un caballo temblaría si estuviera cubierta con ella–, el extraño hedor a ácido carbólico o lisol, sudor, moho, humedad y lana cruda; mirar todo esto te hace pensar en las cárceles del pasado, la horrible mazmorra de un viejo castillo, donde arrojaban a los prisioneros y los dejaban pudrirse.

Akademie der bildenden Künst de Viena. Con el paso de los años, su amistad se fue deteriorando.

Sólo el timbre eléctrico sobre la cuna no cuadra con el resto; es nuevo, es moderno. Y así sé que no estoy soñando, que no tengo visiones. No, no estoy soñando, estoy despierto, estoy vivo, a menos que la vida no sea más que un sueño, en el que hay pesadillas.

18 de abril de 1912

Tengo que vivir con mis propios excrementos, respirar gases venenosos y sofocantes. No puedo afeitarme la barba. Ni siquiera puedo lavarme como es debido. ¡Sigo siendo humano! –Lo sigo siendo, aunque sea prisionero; ¿a nadie le importa?

El guarda, con su metálico ruido de llaves, me dio un cubo, una escoba, un cepillo, etc., y me ordenó limpiar el suelo de la celda. ¿Puede hacerlo? No deja de ser una grosera imposición. Y aun así lo hizo feliz. Ser activo es algo bueno. Fregué y froté, lavé y limpié con todas mis fuerzas. Todavía me duelen las rodillas, la espalda y los brazos, y tengo los dedos magullados, las uñas rotas. Esperé al guarda, casi orgulloso de lo que había hecho: pensé que me elogiaría. Llegó, miró al suelo, escupió horriblemente y gruñó: "¿Se supone que esto está limpio? ¡Esto es una porquería apestosa!". Limpia el piso otra vez, ¡pero rápido, es mejor para ti! Cogí el cubo otra vez, me arrodillé

58

otra vez y limpié y limpié. ¿Es posible que los hombres se sientan felices (¡felicidad! ¡divina chispa!) humillando a otros hombres? ¿De dónde viene esta malsana manía?

¿Cómo es posible tanta vileza? ¡Ni siquiera me han condenado! ¿Cómo pueden castigarme? Aquí nadie puede saber si soy culpable, y aunque lo fuera, ¿cómo se puede tratar a alguien con tanta crueldad? ¿Así tratan a todos los presos en espera de juicio? Sería bueno que todos los parlamentarios fueran enjaulados de repente al menos una vez, para que nuestros despistados legisladores pudieran experimentar en sus carnes –pues alma no tienen, o la tienen atrofiada– lo que significa estar en prisión.

19 de abril de 1912

Pinté la cama de mi celda. En medio del gris sucio de la manta, brilla una naranja que me ha traído V.,[4] la única luz que ilumina la celda. Ese pequeño toque de color me sentó de maravilla.

20 de abril de 1912

4. Wally Neuziel (1894-1917), modelo y compañera de Schiele hasta 1915, cuando el pintor se casó con Edith Harms (1893-1918).

Dibujé el pasillo frente a la celda, con los trastos que hay en un rincón, las herramientas que usan los presos para limpiar sus celdas. Estuvo bien. Hermoso. Me dio serenidad. No me sentí castigado, ¡sino purificado!

21 de abril de 1912

Ahora que puedo trabajar, la detención resulta más llevadera. Dibujé el movimiento orgánico de la tosca silla y de la jarra y apliqué colores claros al dibujo. También dibujé dos de mis pañuelos de colores colocados sobre la silla.

22 de abril de 1912

Dios es eternidad primigenia; lo llaman Buda, Zoroastro, Osiris, Júpiter o Cristo. Y eterno como Dios es lo que de más divino desciende de él: el arte. El arte no puede ser moderno; es eterno.

23 de abril de 1912

Mira hacia aquí, Padre del universo, Pantócrator, Dios de ojos brillantes como el sol, tú que estás aquí y en todas partes, y considera si permitirás que me inflijan estos vergonzosos y humillantes tormentos. Tu mirada de rayos X ha iluminado mi ser más íntimo; lo sabes todo sobre mí; estoy desnudo ante ti, y puedes ver que realmente soy tu creación. Así que: si me desvío, es tu culpa, es tu voluntad; pero ¿quieres que sufra, que esté prisionero?, ¿es esta tu voluntad? Quizás cerraste tus ojos benévolos, azules como el mar y el cielo, ante el esplendor y el destello plateado de tu universo estrellado y ante el girar llameante de tu Sol dorado e incandescente, ¡y por eso me olvidaste! Podría ser, y por eso te llamo: ¡escúchame, préstame tu oído siempre atento!

24 de abril de 1912

No muy lejos de aquí, tan cerca que podría oír mi voz si me pusiera a gritar, se sienta en su despacho un juez, o lo que sea: un hombre, al fin y al cabo, que se cree mejor que los demás, que ha estudiado, vivido en la ciudad, ha visitado iglesias y museos, estado en teatros y conciertos y quizá incluso en exposiciones de arte, y que, por lo tanto, puede considerarse una persona culta; que ha leído o al menos oído hablar de la vida de los artistaz. ¡Y este hombre puede permitir que me encierren en una jaula! Me deja aquí durante horas, incluso días, y no muestra ningún interés por mí. ¿En qué estará pensando? ¿Qué conciencia tiene ese hombre?

¡Quizás tenga otras preocupaciones, quizás esté distraído, quizás se haya olvidado de mí! – Tal vez tenga que quedarme en prisión durante meses; sí, tal vez me enferme y muera aquí antes de que se demuestre mi inocencia.

No puedo esperar ayuda; no hay amigos disponibles. No puedo avisar a nadie. K. está en el lago Attersee, R. en el lago de Garda. ¿Quién sabe dónde están los demás? Pero aunque estuvieran en Viena, nadie podría devolverme la libertad, ya que me han prohibido escribir.

25 de abril de 1912

Ayer, invocaciones –susurradas, tímidas, lastimeras–; gritos –fuertes, insistentes, implorantes–; gemidos y sollozos –desesperados, terriblemente desesperados–; finalmente, me acosté, entumecido, con las extremidades frías, como muerto, bañado en sudor. Y aun así: ¡resistiré por el Arte y por la gente que amo!

62

27 de abril de 1912

¿Qué haría ahora de no tener el Arte? Qué horribles serían estas horas sin sentido: sentirme brutalmente arrancado de sueños eternos, donde no hay nada feo, sólo cosas maravillosas, y sentirme inmerso en un estado basto, carente de todo lo que lo embellece, incluso de fuerza.

Amo la vida. Amo sumergirme en las profundidades de todo ser vivo. Pero detesto las restricciones que me son hostiles, que me encadenan, que intentan obligarme a una vida que no es la mía, una vida con objetivos vulgares y que produce cosas vulgares; una vida sin arte, sin Dios.

28 de abril de 1912

De todos mis amigos, AR es quien más me ama y con mayor pureza, porque me comprende profundamente y con todo su corazón. Si uno ama a otro, comprende, y si comprende, siempre se debería amar.

Si supiera por qué me metieron aquí. No pudo ser por los dibujos. ¿O sí? En Austria, todo es posible; aquí, donde Waldmüller[5] tuvo que rogar el perdón del fisco, donde Romanko[6] se suicidó por la incomprensión, la envidia y los celos de los incompetentes, donde los profesores universitarios se burlaron de Klimt de la forma más vergonzosa, cubriéndose de infamia.

¡Pero qué sentido tiene todo esto! Estoy en prisión, en prisión, encerrado; no puedo moverme, no puedo hacer nada, y afuera es primavera, la tierra oscura y húmeda huele dulce, la savia fluye, ¡las primeras flores están floreciendo! Me gustaría pasear, recorrer los prados coloridos, escuchar el canto de los adorables pajaritos bajo los arbustos en flor, con sus ojos brillando como piedras preciosas o como gotas de esmalte de colores.

5. Georg Ferdinand Waldmüller (1793-1865), uno de los pintores austriacos más importantes del siglo XIX. Debido a su adhesión al naturalismo, fue expulsado de la Academia de Viena, donde impartía clases.
6. Anton Romanko (1832-1889), pintor vienés.

Soñé con Trieste, con el mar y su vasta extensión. ¡Nostalgia ay, nostalgia! –Para consolarme, pinté un barco, panzudo y colorido, como los que se mecen en el Adriático. Gracias a él, el deseo y la imaginación pueden surcar el mar, lejos de aquí, hacia islas remotas, donde pájaros brillantes como joyas se esconden entre árboles increíbles y cantan. –¿Oh, mar?

¡¿¿Qué día? - ??!

Interrupción, cambio. Me han trasladado a la prisión de St. Pölten.

El gendarme fue muy cortés. Un buen hombre. No me puso grilletes. Incluso pude fumar a escondidas.

Pero lo más hermoso fue el viaje en tren. Pudo pensar que estaba viajando. Miré por la ventana y vi los campos desplegarse al paso del tren. El tren iba lento, pero esto me alegró porque quería mirar y mirar durante mucho tiempo. Vi cosas hermosas: el cielo, las nubes, pájaros volando, árboles color cobre y casas silenciosas con tejados que parecían almohadas.

¿Cuánto tiempo llevo pudriéndome aquí entre estos muros, que la miseria de los hombres ha vuelto leprosos? ¿Cuánto tiempo hace que no percibo el aroma de un viento limpio que arrulle el ondulante follaje verde? ¿Cuánto tiempo hace que no veo nubes suaves como el algodón, mañanas cubiertas de rocío, atardeceres azules, y sí sólo noches negras como la brea?

¿Acaso el sol aún gira su brillante disco de oro fundido sobre el mundo tembloroso? Para mí, todos los colores son opacos. Es terrible. El lugar de los condenados debe ser incoloro. ¡Si tan sólo fuera un infierno ardiente e incandescente, seguiría siendo hermoso! Algo bello hace feliz, y por lo tanto el infierno abrasador no sería un castigo; solo la grisura absoluta, la de la monotonía y uniformidad infinitas, es el verdadero, terrible y satánico castigo.

¿Cuánto tiempo ha pasado desde que me encarcelaron? Yo, que soy uno de los seres más libres de la naturaleza, sujeto sólo a una ley, que no es la de las masas.

Ha pasado muchísimo tiempo, una eternidad. El tiempo tiene diferentes duraciones. Puede detenerse y pasar más rápido; es un concepto, y puede variar según la situación.

Paseo por el patio de la prisión. Roller[7] es sin duda un gran artista, pero su patio de prisión en *Fidelio* sigue siendo un teatro, mientras que la pintura de Van Gogh de un patio de prisión es una realidad conmovedora, es gran arte.

Corriendo, corriendo, todos en círculo. Algo sin sentido, siempre uno detrás del otro. Durante una hora. Este círculo de hombres al trote, en su fétida realidad, tiene un aire menos trágico de lo que podría haber imaginado.

Los demás reclusos me miraron con curiosidad, y yo les devolví la mirada, sorprendido. Todos intentaban hablarme. Al principio, no entendía esas palabras susurradas, siseadas y gorjeantes que parecían salir de sus entrañas; las expresiones que oía provenían de la jerga de ladrones y proxenetas. Poco a poco, comprendí lo que esos tipos querían saber: por qué me habían "pillado", es decir, por qué me habían arrestado; eso es lo que querían saber. Dije: "No lo sé". Entonces pusieron caras traviesas y se burlaron con desprecio. Es cierto, incluso esta gente depravada siente desprecio por los demás. La mayoría también me preguntaron si tenía un "cigarrillo", una colilla para fumar o masticar. Ya no tenía nada parecido. Uno,

7. Alfred Roller (1864-1935), pintor y escenógrafo austriaco.

un chico pelirrojo de ojos verde mar, se fijó en mis zapatos americanos; quería que se los diera, a cambio de no sé qué.

Un hombre mayor, un auténtico Schigolch, logró acercarse a mí con gran habilidad. Con movimientos imperceptibles, iba superando al que tenía delante hasta que, arrastrando los pies, finalmente se colocó detrás de mí, pisándome los talones. Me hizo preguntas; no respondí, no entendí. También me preguntó quién era. Se lo dije. Entonces rió roncamente, luego le susurró algo al que tenía detrás, y este se echó a reír. La risa, una risa ahogada, contenida, se extendió gradualmente por todo el círculo de hombres hasta que terminó con el que me precedía, que también se echó a reír. Giró la cabeza hacia atrás, apretó los dientes, se lamió los labios morados con una lengua grande e hinchada, y dijo: "¿Te acostaste con una chica, eh?".

En ese momento, una idea cruzó por mi mente: sus sospechas podrían coincidir con las del tribunal. Quizás había una conexión entre el supuesto secuestro de la misteriosa niña, que hacía tiempo había regresado con sus padres o su abuela, y mi arresto. Inmediatamente después de pensarlo, me sentí más ligero y tranquilo. Sé que, desde esta perspectiva, no me puede pasar nada, que el "secuestro" debe ser un malentendido, porque no hubo secuestro en absoluto. De hecho, esto es lo que le pasó a la niña:

En Neulengbach, en cuanto el tiempo lo permitió, empecé a trabajar al aire libre, primero en mi jardín, luego fuera, dondequiera que hubiera algo que me interesara. La chica me había visto allí mientras paseaba. Era tímida y al principio sólo me miraba de lejos, pero un día se acercó y me observó mientras trabajaba. Tenía el catálogo de la Künstlerhaus en la mano , precisamente para que yo pudiera verlo. No me importó. Entonces me preguntó si expondría en la Künstlerhaus. Fue una tontería por su parte, pero no quise humillarla y simplemente le respondí que era un enemigo implacable de la Künstlerhaus, porque allí había funcionarios en lugar de pintores, etc. Me escuchó en silencio, me agradeció la explicación y se fue. Volvió a acercarse a mí varias veces mientras trabajaba en la naturaleza; pero como sólo me hacía preguntas tontas y no mostraba ninguna inclinación por el arte ni la actividad artística, charlar con ella no era divertido, y yo no hablé mucho. Luego, durante un tiempo, no la volví a ver. Pero un día, en que casi me había olvidado de ella, era tarde, hacía un tiempo terrible, había tormenta y llovía, y ella tocó el timbre. V. estaba en mi casa, y nos quedamos muy sorprendidos, preguntándonos quién demonios sería, fuera de Viena con un tiempo tan terrible y tan tarde, ya que no conocíamos a nadie en Neulengbach. Abrí la puerta y vi a la niña, completamente empapada y manchada de barro de los caminos rurales. Estaba pálida

69

y muy agitada. La llevé a la habitación, que estaba caldeada porque había dibujado un desnudo, y se la presenté a V., quien no estaba muy contenta. Sin que yo se lo pidiera, la niña empezó a hablar. Dijo que había venido a verme porque ya no podía quedarse en casa con sus padres. Empezó a llorar y alegó que sus padres no la comprendían, la atormentaban, la mantenían encerrada y, en resumen, la trataban tan mal que ya no podía soportarlo más y quería vagar libremente por el mundo y vivir con desconocidos, o mejor dicho, morir antes que quedarse con ellos. Todo esto me angustiaba profundamente, pero no podía decir nada porque no quería maltratar a la pobre niña ni alejarla.

V. vino en mi ayuda, explicándole a nuestra invitada que no podía quedarse con nosotros, no porque no quisiéramos ayudarla o no quisiéramos hospedarla, sino porque no podíamos ayudarla, ya que en un par de días sería devuelta a casa por la fuerza por sus padres y todo el asunto, debido a los chismes, se convertiría en un gran escándalo.

Al principio, la niña, aún llorando, negó con la cabeza, pero luego, abandonando sus sospechas sobre V., pareció reconocer que V. tenía razón. Dijo que a la mañana siguiente iría a Viena a ver a su abuela y que quería quedarse con nosotros al menos esa noche, porque bajo ninguna circunstancia volvería con sus padres.

¿Qué podía hacer? El tiempo había empeorado aún más; la tormenta azotaba nuestra aislada casa, un aguacero golpeaba los cristales, el viento silbaba y aullaba en la chimenea, y afuera reinaba un frío terrible. Así que le dije a la chica, helada y con toda la ropa empapada, que podía quedarse con nosotros y dormir con V. Para agradecerme, quiso besarme la mano; por supuesto, no la dejé. V. la acompañó a otra habitación y le hizo ponerse algo seco. Cenamos juntos, bebimos cerveza y fumamos, nos sentamos un rato, y luego las dos chicas se acostaron. Me quedé solo, a meditar. A la mañana siguiente, los tres fuimos a Viena. Me despedí de ellas en la Westbahnhof. V. acompañó a la desconocida a casa de su abuela, pues no se atrevía a ir sola. Había quedado con V. al día siguiente, cuando saliera cierto tren, ya que quería llevarla conmigo a N. para que posara para mis cuadros. Al volver a la estación, al llegar el tren, no podía creer lo que veía: la chica con V. Me dijo que no se había atrevido a ir a casa de su abuela, así que había pasado la noche con V. en un hotel y que ahora quería volver a N. No me opuse; naturalmente, supuse que quería volver con sus padres. Y no me sorprendió que viniera a nuestra casa en N. y se quedara con nosotros, porque no creía que tuviera el valor de volver antes del anochecer; no me hacía feliz que se quedara tanto tiempo con nosotros, pero no dije nada, no sé por qué. Así que se quedó hasta el anochecer, y luego toda la

71

noche. Pensaba hablar con V. sobre ello cuando la chica se hubiera acostado. V. y yo decidimos que a la mañana siguiente le explicaría a la niña que ya no podía quedarse con nosotros y que tendría que llevarla ella misma con sus padres. Todo fue diferente.

A la mañana siguiente, estaba pintando en mi caballete cuando la niña gritó de repente: "¡Dios mío! ¡Viene mi padre!". Y tenía razón: miré hacia afuera y vi a un hombre mayor cruzando el jardín, hacia la casa. No esperé a que tocara el timbre, sino que fui a su encuentro. Nos saludamos cortésmente en la puerta, y él dijo que sabía –se lo habían dicho quienes la habían visto– que su hija estaba conmigo y que tenía que entregársela inmediatamente, de lo contrario me enfrentaría a una demanda por corrupción de menores; ya había presentado una denuncia, etc. En este sentido, le expliqué con calma que, en primer lugar, no podía tratarse de corrupción, porque su hija, a quien conocía solo superficialmente y por quien no tenía ningún interés, se había ido voluntariamente de casa de sus padres, había venido a mi casa durante una tormenta nocturna y me había rogado que la alojara, etc. Yo no le había hecho nada; había pasado la noche con V., que había estado presente todo el tiempo. "¿Y dónde está mi hija?", preguntó su padre. Dije: "Aquí, en la habitación de al lado", y señalé la puerta. En ese momento, oímos un grito: se había caído. Corrimos a la habitación contigua y

72

vimos a la niña en el suelo, sosteniendo mis tijeras grandes. La ingenua, por miedo a su padre, había intentado cortarse las venas, pero afortunadamente no lo había conseguido. Quizás las tijeras no estaban lo suficientemente afiladas, no había usado la fuerza suficiente o la niña era demasiado torpe; o quizás simplemente quería que pareciera que intentaba suicidarse. Tras un alboroto, padre e hija se marcharon, reconciliados, me pareció. Me alegré y di por concluido el asunto.

Pero me equivoqué. Probablemente, con la alegría de haber encontrado a su hija, el padre olvidó retirar la denuncia por el supuesto secuestro, y ahora yo, que soy inocente, tengo que pagar. Solicitaré que me presenten ante un juez de instrucción –debe haber una autoridad superior, capaz de comprender también situaciones un tanto inusuales– y aclararé el malentendido con él.

¡Mi arresto no es un malentendido! No me arrestaron por una niña histérica, sino –estoy convencido– por sospecha de actos obscenos contra menores, por haber hecho dibujos eróticos, es decir, obscenos, que habría mostrado o dejado a su alcance por negligencia. ¡Ahora por fin sé por qué estoy en la nevera! ¡Es un escándalo! ¡Tan grosero que resulta increíble! ¡Cuánta vulgaridad! ¡Qué disparate! Es una vergüenza para la cultura, una vergüenza para Austria que le puedan pasar estas cosas a un artista en su tierra natal.

No lo niego: he hecho dibujos y acuarelas eróticos. Pero siguen siendo obras de arte; puedo afirmarlo, y quienes entiendan de estas cosas lo confirmarán con gusto. ¿Acaso no ha habido otros artistas que hayan pintado cuadros eróticos? Rops,[8] por ejemplo, sólo hizo eso. Pero un artista nunca ha sido encarcelado por ello. Una obra de arte erótica no es obscena si tiene valor artístico; se vuelve obscena sólo a través de la persona que la contempla, si es una persona depravada. Podría mencionar muchísimos nombres de artistas famosos, incluso el de Klimt; pero no quiero justificarme de esta manera en absoluto, no sería digno de mí. Así que no lo niego. Sin embargo, declaro falso que haya mostrado intencionadamente esos dibujos a menores, que los haya corrompido. ¡Eso es falso! Aunque sé que hay muchos menores corrompidos. Pero ¿qué significa realmente "corrupto"? ¿Acaso los adultos han olvidado que ellos mismos, de niños, fueron corrompidos, es decir, perturbados y excitados por el instinto sexual? ¿Acaso han olvidado las terribles pasiones que se encendieron en ellos y cómo los atormentaron de niños? Yo no lo he olvidado; he sufrido terriblemente por estas cosas.

Y creo que todo hombre se verá obligado a sufrir las torturas del sexo mientras su sensibilidad hacia el sexo permanezca viva.

8. Félicien Rops (1833-1898), pintor y grabador belga.

¡Ah! ¡Ahora lo tengo todo claro! – ¡El registro domiciliario! ¡La incautación de los dibujos! – ¡Fui un ingenuo, un necio! – Llegaron dos. Parecían humanos. Llevaban ropas brillantes, botones relucientes. Se acercaron, hablaron, señalaron; pero no veía sus rostros, solo ví máscaras, codicia y maldad insensata, pereza mental y malicioso regodeo ante las desgracias ajenas de unas miradas que me observaban a través de las finas rendijas de sus ojos. Y las voces eran como si salieran de un gramófono crepitante, sin vibración, sin la más mínima resonancia interna. Productos de origen impuro, inacabados, completamente subyugados por el instinto y el entrenamiento, carentes de personalidad. Me estremecí, tan asustado estaba por la proximidad de ese hedor animal. Un eclipse solar me oscureció el alma, y me angustió la idea de tener que dar explicaciones a dos policías. De repente, olió a podredumbre, a moho, como a sótano.

Dos policías, un gendarme y un empleado municipal irrumpieron repentinamente en mi taller para examinar lo que estaba haciendo. Los padres de algunos de los menores que había dibujado estaban preocupados. Alguien les había despertado cierta inquietud. Los dos espías no encontraron nada obsceno en el taller, pero una hoja de papel que había clavado en la pared de mi habitación, una acuarela que había hecho de Kramau, les pareció sospechosa y dijeron que debían confiscarla. Me pare-

75

ció una tontería y me enfadé. Les dije que no veía nada malo en el dibujo y que había expuesto varios dibujos, incluso más eróticos, en una exposición pública en Praga, aunque luego los habían retirado por orden policial. El gendarme me preguntó si aún conservaba esos dibujos de Praga, a lo que respondí afirmativamente. Con mucha amabilidad y astucia, me pidió, tendiéndome la trampa: "Vamos, enséñanos esas cosas". Y caí en la trampa. Saqué los dibujos del cajón donde los guardaba y, como un tonto, los coloqué entre los dedos regordetes de ambos individuos. Después de que ambos examinaran la pila completa, hoja por hoja, el gendarme exclamó con voz grave: "Estos dibujos son obscenos; debo entregarlos al tribunal. Hemos de informar".

Lo oí, pero luego ya no entendí nada más; pero me encerraron, esos sinvergüenzas. Es posible –sí, señor, entiendo que es posible, aunque no entiendo cómo podría ser "lícito"– privar a un hombre de su libertad, encarcelar a un artista libre, cuando nadie tiene la menor idea de si realmente hizo aquello de lo que se le acusa. Por una sospecha, o peor aún, por una denuncia estúpida, quizá maliciosa, o presentada sin cuidado. ¡Esto es *secuestro*! Sí, la palabra "secuestro" tiene un significado vil.

No entiendo cómo pudieron meterme en la cárcel, cómo pudieron mantenerme allí más de unas horas. No entiendo cómo sucedió. No corrompí a ningún niño, nunca les enseñé estos papeles, y los adultos adultos son. "¿Por qué entonces? ¡No soy un sinvergüenza!", exclamé. "No he violado, robado, asesinado, incendiado, no he hecho nada que atente contra la sensible 'sociedad' humana, nada, salvo el mero hecho de existir."

Me impulsa la buena voluntad, pero ¿y la de los demás? Ya veremos. Naturalmente, es necesario estar preparado para soportar lo que la vida nos depare. Lo importante es saber evaluar y aprender de la experiencia. No hay que perder la determinación.

Interrogatorios. – Muy extraños. Muy desconcertantes. A veces inquietantes. Preguntas cuya conexión no me quedaba clara. Una cortesía en la que no confío.

. . . .

El proceso contra el secuestro concluyó hace tiempo, y la investigación sobre las pinturas pornográficas se ha prolongado. ¿Deberían haberme encarcelado por esto? –¿Temía el tribunal que escapara? –¡Qué tontería! –La vista se celebrará pronto. Ahora, desde luego, no pueden castrarme, y mucho menos con arte. Entonces, ¿qué podría pasarme? (Lo que me está pasando, en cualquier caso, ya es cruel e injusto).

¡Estuve en prisión veinticuatro días! –¡Veinticuatro días, o quinientas setenta y seis horas! –¡Una eternidad!

Los resultados de la investigación fueron realmente desastrosos, pero sufrí terriblemente, indescriptiblemente. Recibí un castigo cruel sin ser condenado.

Durante el juicio, el juez, vestido de gala, con gran solemnidad, quemó en la llama de una vela una de las hojas de papel que me habían confiscado, ¡la que colgaba en mi dormitorio! –¡Auto de fe! ¡Savonarola! ¡Inquisición! ¡Edad Media! ¡Castración, hipocresía! ¡Así vayan a los museos y destruyan obras maestras! Quien niega el sexo es una persona perversa y profana de la manera más vulgar a los padres que lo trajeron al mundo.

¡De ahora en adelante, quien no haya sufrido como yo, tendrá que avergonzarse ante mí!

Traducción de Ignacio Arranz

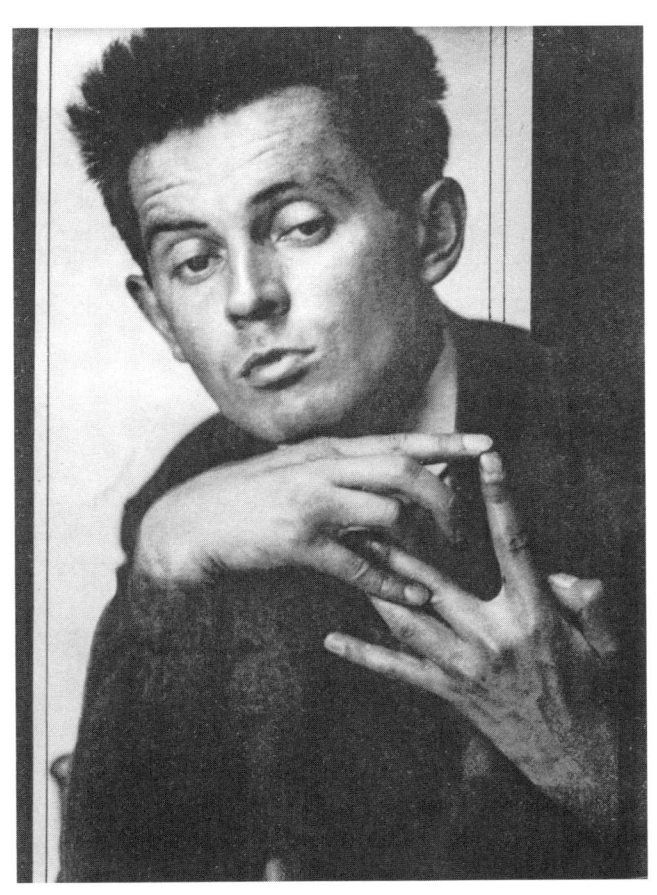

EGON SCHIELE
(Tulln an der Donau, 1890 - Viena, 1918)
retratado en 1914